MÉMOIRE

SUR

LE SUFFRAGE UNIVERSEL

SA CAPACITÉ ORGANIQUE ET SA COMPÉTENCE

PRÉSENTÉ A L'ASSOCIATION POUR L'AVANCEMENT DES SCIENCES

(SESSION DE REIMS, 12 AOUT 1880)

PAR

CH. MISMER

> De tous les principes qui font l'entretien des hommes éclairés, le plus important est de bien comprendre que la nature nous a créés pour la justice, et que la base du droit, ce n'est pas l'opinion, c'est la nature.
>
> (CICÉRON, *des Lois*).

PARIS
E. DENTU, LIBRAIRE-ÉDITEUR
PALAIS-ROYAL, GALERIE D'ORLÉANS, 15, 17, 19

1880

PRIX : 1 FRANC.

MÉMOIRE

SUR

LE SUFFRAGE UNIVERSEL

SA CAPACITÉ ORGANIQUE ET SA COMPÉTENCE

VERSAILLES

IMPRIMERIE CERF ET FILS

59, RUE DUPLESSIS

MÉMOIRE

SUR

LE SUFFRAGE UNIVERSEL

SA CAPACITÉ ORGANIQUE ET SA COMPÉTENCE

PRÉSENTÉ A L'ASSOCIATION POUR L'AVANCEMENT DES SCIENCES

(SESSION DE REIMS, 12 AOUT 1880)

PAR

CH. MISMER

> De tous les principes qui font l'entretien des hommes éclairés, le plus important est de bien comprendre que la nature nous a créés pour la justice, et que la base du droit, ce n'est pas l'opinion, c'est la nature.
>
> (CICÉRON, *des Lois*).

PARIS
E. DENTU, LIBRAIRE-ÉDITEUR
PALAIS-ROYAL, GALERIE D'ORLÉANS, 15, 17, 19

1880

MÉMOIRE

SUR

LE SUFFRAGE UNIVERSEL

SA CAPACITÉ ORGANIQUE ET SA COMPÉTENCE

> De tous les principes qui font l'entretien des hommes éclairés, le plus important est de bien comprendre que la nature nous a créés pour la justice, et que la base du droit, ce n'est pas l'opinion, c'est la nature.
>
> (CICÉRON, *des Lois*).

Ce travail n'emprunte rien à l'esprit de secte ou de parti.

C'est en plein désintéressement philosophique que l'on se propose d'examiner, à la lumière de la science positive et d'un principe de justice universellement admis, si le suffrage universel doit être conservé sous sa forme actuelle et, dans le cas où cette première question serait résolue par la négative, s'il y a lieu d'en étendre ou d'en restreindre le fonctionnement.

Quant à conclure à la suppression du suffrage universel, il n'y faut point songer ; bien qu'il soit entré dans le monde, en avance sur le progrès normal, à titre d'expédient révolutionnaire, le temps lui a permis de prendre racine au cœur des populations.

Une profonde commotion sociale punirait aussitôt toute tentative pour l'extirper.

Mais, il n'en est pas moins en contradiction avec la science et la justice.

D'abord, il ne mérite point la qualification d'universel, puisqu'il exclut les hommes au-dessous d'un certain âge et les femmes ; même les femmes veuves qui tiennent la place du chef de famille, élevant les enfants, dirigeant un commerce ou une industrie, satisfaisant à toutes les exigences du fisc, bien mieux en règle avec le devoir social que les célibataires en possession du droit.

Ce reproche n'est point le seul que le suffrage universel encoure devant la justice.

La justice a pour axiome fondamental la compétence des juges ; livrée à l'incompétence, elle n'est qu'un instrument d'arbitraire et d'iniquité.

Or, la fonction du suffrage universel est, avant tout, celle d'un juge ; non d'un juge ordinaire qui statue sur des intérêts restreints, mais d'un juge chargé de choisir, entre des hommes souvent inconnus, étrangers à la localité, les plus capables et les plus dignes de contrôler les affaires publiques et d'orienter l'avenir de tout un peuple.

La moindre erreur dans l'exercice de ce redoutable pouvoir expose à des catastrophes.

Avec le scrutin par arrondissement, le suffrage universel est rarement en état d'exercer son choix en connaissance de cause.

Presque toujours, il s'agit d'une véritable loterie électorale, où le hasard est tout-puissant.

Des milliers d'électeurs sont en butte aux compétitions des partis rivaux.

Point d'autres moyens d'éclairer le jugement que

des articles de journaux, des professions de foi et des discours contradictoires, où la vaine rhétorique triomphe aisément du savoir, du bon sens et de la bonne foi.

Aussi voit-on rarement un homme de réelle valeur et de haute dignité condescendre à faire la parade devant le suffrage universel.

Un tel homme, si l'on venait à l'applaudir, serait tenté de s'écrier comme Phocion : « N'ai-je point lâché quelque sottise? »

Le résultat du système est sous les yeux.

Sans manquer de respect envers personne, il est permis de constater l'évidence même, savoir que, sauf d'éclatantes notoriétés, l'élite intellectuelle et morale a peu de chances d'arriver au Parlement.

Une pareille interversion de la hiérarchie des capacités n'est pas sans tirer à conséquence.

La politique intérieure et extérieure souffre tôt ou tard du mal commis et du bien empêché, faute de conceptions générales, de desseins profonds et médités.

En outre, rien n'est plus funeste à la discipline

nationale et au respect de l'autorité que l'avénement soudain au faîte du pouvoir d'hommes improvisés.

Quant l'accès de la moindre place est défendu contre l'intrusion par des examens, des concours et des diplômes, il suffit du hasard d'une élection pour ouvrir les portes du palais législatif à un homme qui pourrait répéter, en y entrant, cette parole d'un doge de Venise à Versailles : « Ce qu'il y a de plus extraordinaire ici, c'est de m'y voir ! »

Pour devenir général, magistrat à la Cour de cassation, membre de l'Institut, il y a des épreuves à subir, des échelons à gravir ; des hommes du plus grand mérite, ayant rendu d'éclatants services et illustré leur pays par de fécondes découvertes, ne parviennent au degré suprême que sur le tard de la vie.

C'est alors que l'on réclame leur déférence en faveur d'un premier venu, hier encore déclassé, législateur aujourd'hui par un caprice du suffrage universel.

*

Tout le monde s'élevait autrefois contre le bon plaisir royal; le peuple ignorant n'avait que du mépris pour les favoris des rois.

Aux yeux d'hommes instruits et graves, le respect pour les courtisans du peuple n'est pas moins humiliant, car le bon plaisir du peuple n'est pas moins arbitraire.

Une société bien réglée est celle où chacun occupe sa véritable place.

La subordination du mérite éprouvé à des législateurs de rencontre trahit l'équilibre instable, l'état révolutionnaire.

L'apologie du scrutin par arrondissement est impossible au nom de la science, de la justice et de l'ordre social.

La théorie et l'expérience le condamnent.

Son pouvoir souverain ayant pour corrélatif une souveraine incompétence, il est incapable de garantir la valeur et la moralité de ses choix.

Mais, si le scrutin uninominal a de graves défauts, ce n'est pas une raison pour le remplacer par le scrutin de liste ; au contraire.

Le suffrage universel étant incompétent pour élire l'homme le plus digne de représenter un arrondissement, n'est-il pas évident que son incompétence augmente lorsqu'il s'agit de la multiple représentation d'un département ?

Avec le régime actuel, des comités locaux, obéissant plus ou moins à des mots d'ordre venus de la capitale, désignent le candidat de chaque arrondissement ; l'élection a déjà le caractère plébiscitaire ; mais le peuple souverain, libre de prendre part aux discussions des comités électoraux, d'interroger les candidats pour s'assurer qu'ils partagent ses griefs et ses vœux, possède encore les apparences de la souveraineté.

Le scrutin de liste signifie non seulement l'abdication du souverain, mais encore l'élimination des comités électoraux d'arrondissement.

Les listes seront composées à Paris ; il y en aura autant que de partis politiques, sans compter les listes correspondantes aux diverses nuances de chaque parti.

Le spectacle sera le même qu'en 1848 et en 1871,

et l'on peut prévoir ce qui arrivera d'après ce qui est arrivé.

Avec le scrutin par arrondissement, la fonction du suffrage universel, si disproportionnée qu'elle soit avec sa capacité organique et sa compétence, n'offre encore qu'un péril lointain.

Le péril sera prochain avec le scrutin de liste.

Jusqu'à ce jour, on n'a point vu deux régions territoriales élever drapeau contre drapeau ; au sein d'un même département, les partis opposés se disputent le terrain pied à pied ; l'ordre est maintenu, grâce à un certain balancement des forces.

Avec le scrutin de liste, qui met en mouvement des masses d'hommes, la crise augmente en étendue et en intensité ; chaque élection répand sur le pays entier l'incertitude et le trouble.

Quand on applique un système, il n'est que sage d'en calculer les plus extrêmes conséquences.

Or, le scrutin de liste a pour dernier terme une Vendée légale dans l'Ouest, une Commune légale à Paris et dans les grandes villes, la dislocation de l'unité nationale et l'anarchie, en attendant l'avénement d'une dictature quelconque.

On peut protester contre le pessimisme de ces prévisions, mais on ne niera pas que l'extension du suffrage universel ouvre une porte sur l'inconnu et corresponde à un saut dans les ténèbres.

Vainement, on espère qu'en multipliant les écoles, et en améliorant l'instruction primaire, on élèvera la compétence du suffrage universel au niveau de sa fonction.

En présence du scrutin de liste, les maîtres d'école, les savants mêmes, sont aussi embarrassés que les derniers des électeurs.

Nulle science ne permet de distinguer les meilleurs parmi des hommes inconnus, échappant à toute investigation directe et sérieuse.

Ceux qui attribuent au suffrage universel une compétence universelle manquent de logique, en lui assignant pour frontières le cadre d'un departement.

Pourquoi le scrutin de liste ne s'étendrait-il pas à la nation entière?

Pourquoi pas à l'Europe, voire même à l'humanité, au fur et à mesure que les barrières internationales seront battues en brèche par la loi d'évolution?

Rien ne marque mieux le caractère anti-scientifique d'un principe que l'absurdité de ses conséquences logiques.

Tous les principes fondamentaux de la science positive peuvent être impunément poussés à l'extrême, développés jusqu'à l'exagération.

Tel est le propre de ce qui est général.

Ce qui est particulier est nécessairement borné, selon l'ordre de la nature.

La nature met toujours une exacte proportion entre les moyens et le but, entre les organes et les fonctions; jamais elle ne demande à un organe plus qu'il ne peut donner; aux organes simples, elle attribue des fonctions simples, et des fonctions complexes aux organes complexes.

Elle enseigne qu'avant de déterminer la fonction

du suffrage universel, il importe de se rendre compte de sa capacité organique, en le décomposant pour ainsi dire pièce par pièce.

Au début de l'évolution humaine, comme à l'état sauvage contemporain, il n'y a point de société; il n'y a que des individus; l'égoïsme étouffe l'altruisme; entre l'homme et la femme, les relations n'ont pas plus de durée qu'entre le mâle et la femelle chez les animaux inférieurs; la lutte pour l'existence a lieu entre le père et les enfants, entre les frères.

Lentement la loi de solidarité universelle parvient à constituer un rudiment de solidarité parmi les hommes.

La société humaine commence avec la famille.

La famille est le premier agrégat social.

C'est au sein de la famille que l'égoïsme s'efface devant l'altruisme; c'est au sein de la famille que l'idée du devoir entre, pour la première fois, en concurrence avec l'idée du droit.

Le droit n'est égal pour tous les membres d'une

même famille que lorsque tous sont en état d'accomplir également le devoir.

Les enfants doivent attendre qu'ils aient l'intelligence et la force nécessaires pour contribuer à l'entretien, à l'accroissement et à la défense des intérêts communs, avant d'acquérir le droit de discuter et de contrôler ces intérêts.

Si, sur ce théâtre restreint de la famille prototype de toute société, on pratiquait le suffrage, on pourrait, à la rigueur, après l'émancipation complète de tous les enfants, le considérer comme universel.

Encore faut-il observer que, dans les familles, où le mariage est entendu dans le sens d'union intime et absolue de deux êtres de sexe différent, le père et la mère ne forment, pour ainsi dire, qu'une seule et même personne dont la volonté se traduirait, en cas de scrutin, par un vote identique.

Cette observation mérite l'intérêt, au moment où l'on rêve pour la femme un droit indépendant de l'homme, en antagonisme avec celui de l'homme; comme si la femme était un tout autonome, organisé pour vivre seul, hermaphrodite!

Comme si elle n'était pas, selon l'inéluctable loi de la nature, un organisme incomplet, qui se complète par le mariage, la moitié d'un moule dont l'homme fournit l'autre moitié !

Sous l'influence de la loi d'évolution, la solidarité constitue avec le temps un certain nombre de familles en tribu nomade ou en commune sédentaire.

Au sein de cet agrégat supérieur, le droit n'est jamais également pratiqué par tous.

En effet, il est impossible de supposer une commune ou une tribu dépourvue d'enfants en bas âge, incapables, par conséquent, d'initiative et de responsabilité.

On a beau proclamer un suffrage universel; même au sein de la famille, le suffrage est nécessairement restreint, les pères votent pour les enfants; les hommes votent pour les femmes.

Dès lors, comment est-il possible d'appliquer sur la plus grande échelle ce que la nature interdit en petit?

Nulle métaphysique ne prévaudra jamais contre l'ordre instauré par la nature.

L'ordre naturel s'impose surtout, à mesure que l'organisme social se complique.

Les incapacités électorales deviennent plus nombreuses et plus évidentes, lorsque la famille, après avoir traversé l'agrégat communal, s'élève à la puissance d'un département, d'une province ou d'un Etat.

Insistons sur ce fait si simple et si capital, en même temps, qu'un Etat qui n'a rien de factice, qu'une nation fondée en nature, n'est qu'une famille agrandie par la loi d'évolution.

Bien des malentendus disparaîtraient, bien des questions obscures seraient claires, si la spéculation politique, au lieu d'emprunter ses prémisses à l'imagination ou à la raison pure, les tirait de l'observation de la nature.

L'application de la méthode scientifique à la solution des problèmes sociologiques amènerait tout le monde à cette conclusion que l'individu n'est, par rapport à l'organisme social, que ce qu'est une cellule par rapport à l'organisme humain : une partie subordonnée à un tout.

Alors on trouverait qu'entre l'état moderne, dernière incarnation de la solidarité humaine et l'individu, il n'y a point de relation directe, la nature ayant placé entre eux la famille, la commune, la province ou le département, organes intermédiaires pour exercer des fonctions intermédiaires.

La nature procède par évolution, non par révolution; *natura non facit saltus.*

Si l'on consultait, parmi les savants, les observateurs des phénomènes de la nature et les interprètes de ses lois, sur la question de savoir s'il faut étendre ou restreindre les prérogatives du suffrage universel, ils n'hésiteraient pas à limiter sa capacité organique et sa compétence aux frontières de la commune.

Le paysan et l'ouvrier sont aussi impropres à choisir les législateurs et les hommes d'Etat d'un grand pays qu'à désigner les membres du conseil supérieur de l'instruction publique ou de l'académie des sciences; en revanche, ils sont pleinement aptes à nommer leur conseil municipal.

Sur le théâtre restreint de la commune, où se

concentrent leurs intérêts et leurs passions, les intelligences les plus humbles sont à la hauteur des fonctions civiques.

Tout le monde connaît l'origine, l'éducation, la situation sociale, le degré de valeur et d'honorabilité de chacun.

Les sources d'informations sont sous la main. Un mauvais choix produirait ses effets sur place et n'aurait jamais de conséquences lointaines.

Une crise politique ne serait qu'une crise locale qui prendrait fin à la prochaine élection.

La commune représentant une agrégation de familles ; c'est au père de famille, ou à la mère, qui le remplace en cas de mort, que la science remettrait, à l'exclusion des célibataires, le droit de pourvoir à la représentation de la famille au conseil municipal.

Mais, comme il a été dit en commençant, puisque l'usage a consacré le droit individuel au vote, sous la réserve de certaines conditions à remplir, il serait difficile et peut-être dangereux d'y toucher.

En principe, le suffrage universel serait conservé

tel qu'il est ; seulement, sa fonction restreinte à sa capacité organique et à sa compétence, ne dépasserait pas la commune.

Selon l'ordre logique de cette conception, qui tend à établir les lois humaines en prolongement des lois naturelles, à rattacher l'évolution sociale à l'évolution générale, les conseillers municipaux, élus au suffrage universel, seraient seuls compétents pour nommer les conseillers généraux du département, et les conseillers généraux, à leur tour, seraient seuls compétents pour composer une assemblée nationale.

Le signe caractéristique d'une doctrine fondée en nature est dans son impuissance pour le mal, dans sa toute-puissance pour le bien.

Dans les sciences positives, on peut développer jusqu'à l'exagération les axiomes fondamentaux sans rencontrer jamais ni déceptions ni catastrophes ; au contraire, la logique poussée à bout fait éclater davantage l'inépuisable fécondité des principes naturels.

S'il n'en était pas ainsi, l'évolution serait arrêtée,

toute prévision deviendrait inutile et il ne resterait plus qu'à s'abandonner au hasard.

Or, quelles que soient les épreuves que l'on fasse subir au suffrage universel, limité à sa capacité organique et à sa compétence, il n'en découle aucun mal.

Où serait le mal si le suffrage universel se bornait à élire les conseils municipaux, si les conseils municipaux de chaque canton pourvoyaient au recrutement du Conseil général, si l'Assemblée nationale se composait de délégués des conseils généraux ?

Sans doute, quelques députés, nommés sous l'empire de la loi actuelle, ne seraient pas renommés ; les autres devraient retremper leur élection, conformément aux exigences de la nouvelle loi.

En revanche, les avantages de l'élection à trois degrés abondent.

D'abord, il n'arriverait plus, comme pendant la dernière guerre, que la convocation du Parlement devînt impossible par l'impossibilité de procéder à des élections.

Même dans le cas où les députés seraient dispersés par la force ou retenus prisonniers, la vacance du pouvoir législatif ne durerait que le temps de faire appel aux conseils généraux.

La statique et la dynamique sociales, l'ordre et le progrès seraient préservés contre l'anarchie.

La politique d'Etat, où s'agitent les intérêts les plus graves et les plus délicats d'une nation, échapperait à l'immixtion directe de la multitude ignorante et regagnerait son éminence et sa dignité; elle serait toujours selon l'expression de Rivarol, « un sphinx qui dévore ceux qui ne devinent pas ses énigmes ; » mais le sphinx ne serait consulté que par des hommes offrant les meilleures garanties d'intelligence et de perspicacité.

Nul ne pourrait passer sans transition du salon, du journal ou de la rue sur les bancs du Corps législatif et porter la main sur les rouages de l'Etat, avant d'avoir fait ses preuves de capacité dans la gestion des intérêts municipaux et départementaux.

Après avoir conquis un siège au Conseil municipal, l'aspirant à la députation devrait obtenir de la confiance de ses collègues l'honneur de représenter une ou plusieurs communes au Conseil général du département, où l'attendrait une dernière épuration.

Les élections seraient, ce qu'elles doivent être, une sélection.

L'Assemblée nationale se composant des délégués des conseils généraux, rattachés au suffrage universel par l'organe intermédiaire des conseils municipaux, un ordre stable, fondé sur la hiérarchie des compétences, remplace à jamais l'agitation révolutionnaire.

Si l'idéal, en matière d'organisation sociale, est de porter au gouvernement les hommes les plus capables et les plus dignes, quel meilleur moyen de le réaliser que de soumettre chaque candidat à un laborieux apprentissage, sanctionné par une triple sélection ?

Au progrès par saccades et par soubresauts, suivi de reculs, à l'action à outrance provoquant la réaction à outrance, succède une marche en avant, solide et continue, sur un terrain exploré d'avance : l'évolution sociale emboîtant le pas sur l'évolution scientifique et naturelle.

A chaque étage de la hiérarchie électorale, le mandataire étant toujours révocable par le mandat, porte le caractère impératif sans que l'harmonie cesse de régner entre les pouvoirs publics.

Toutes les autorités ayant une origine respectable, obtiennent facilement le respect et la discipline nationale, au lieu de reposer sur la contrainte, s'exerce en vertu du libre consentement de tous.

Le prestige du Parlement serait encore plus grand si la fonction de député était gratuite, si elle était considérée comme un honneur et une récompense, si, tout au moins, les députés étaient défrayés par les départements qu'ils représentent, au lieu de recevoir un salaire de l'Etat.

Chaque établissement commercial ou industriel paie ses représentants, chaque puissance paie ses ambassadeurs; de même, il est juste que les électeurs paient leurs élus à tous les degrés, afin qu'ils en restent les maîtres.

Le suffrage universel décentralisé permet d'opérer, sans danger pour l'unité nationale, la décentralisation générale de tous les services; ainsi disparaît ce phénomène anormal et morbide de la pléthore à la tête et de la paralysie aux extrémités; comme dans tout organisme sain, la vie circule également de la base au sommet de la nation.

Les esprits superficiels objecteront que la réforme proposée diminue la souveraineté du peuple.

Ceux qui pénètrent au fond des choses, et qui tiennent compte de l'action du temps sur les institutions humaines, trouveront, au contraire, que la souveraineté du peuple, absolument fictive, aujourd'hui, deviendra de plus en plus effective à mesure que la masse électorale reconnaîtra dans les conseils municipaux, qu'elle détient sous sa main, le pouvoir générateur de tous les pouvoirs, la cheville ouvrière de l'État.

Elle trouvera d'ailleurs des compensations immédiates au sacrifice apparent qu'on lui demande.

Avant de convoiter une délégation supérieure, l'élite du pays ne sera-t-elle pas obligée de rivaliser de dévouement à la chose publique au sein des Conseils municipaux, où s'agitent les intérêts directs du peuple?

Ce stage forcé est d'un inestimable prix pour la mise en rapport de toutes les ressources nationales, pour le développement de la mentalité et de la moralité publiques.

Au temps de la Rome impériale, Sénèque écrivait : « *Quantum periculum immineret, si servi nostri numerare nos coepissent.* »

Pour prévoir les périls de l'avenir, il avait derrière lui la révolte de Spartacus.

Nous aussi, nous avons un passé rempli d'enseignements qui ne nous permet pas de nous endormir dans les sécurités présentes.

Aussi longtemps que les causes, qui ont produit les journées de juin 1848 et la Commune de 1871, resteront en mouvement, les mêmes effets peuvent se reproduire.

Aujourd'hui, grâce au suffrage universel, Spartacus est le maître et Crassus l'esclave. En outre de la force du nombre, la multitude dispose de la force légale; le patrimoine matériel et moral, l'intelligence et la fortune, l'avenir de la civilisation sont à sa merci.

Les événements de 1871 ont mis en sinistre lumière le danger que fait courir à l'ordre social une métaphysique subversive qui proclame l'égalité parmi les hommes sans tenir compte des inégalités naturelles d'intelligence, de mérite et de vertu, qui reconnaît à tous le droit sans l'associer indissolublement au devoir.

Le danger n'est-il pas assez grand, et convient-il de l'accroître encore, en substituant le scrutin de liste au scrutin d'arrondissement, qui achèverait de remettre, comme autrefois à Athènes, la délibération aux sages et la décision aux fous ?

Ou bien est-il préférable de restreindre la fonction du suffrage universel à sa capacité organique et à sa compétence ?

Telles sont les deux questions que l'on a essayé de résoudre dans ce travail.

On n'a pas l'illusion de croire qu'il exercera la

moindre influence sur les législateurs dont il contrarie les intérêts et les passions.

Des catastrophes répétées ont seules le pouvoir de ruiner les systèmes factices et de ramener les hommes au respect des lois de la nature et de la justice.

Si les idées exprimées ici sont dignes de vie, elles s'imposeront tôt ou tard, sous la pression des événements ; dans le cas contraire, il restera un consciencieux effort pour endiguer les débordements du suffrage universel, pour soustraire l'organisation sociale et le gouvernement de l'Etat moderne à l'incompétence métaphysique et à la turbulence démagogique, au profit de la science et de la philosophie positives.

VERSAILLES — IMPRIMERIE CERF ET FILS, 59, RUE DUPLESSIS

www.ingramcontent.com/pod-product-compliance
Lightning Source LLC
LaVergne TN
LVHW020305230826
846091LV00006B/2532

* 9 7 8 2 0 1 1 7 5 8 3 4 7 *